Alles im Griff

hat die Natur ...

Der Mensch, der stört

sie leider nur ...

Der ist doch nur ein Teilchen

- bleibt auch nur ein Weilchen ...

Dieses BAEREDEL – BUCH gehört:

Bibliografische Information durch
Die Deutsche Bibliothek:
Die Deutsche Bibliothek verzeichnet diese Publikation
in der
Deutschen Nationalbibliografie; detaillierte
bibliografische
Daten sind im Internet über
https://portal.dnb.de/opac.htm abrufbar.
Herstellung und Verlag
BoD – Books on Demand, Norderstedt

ISBN 9 783759 752284

BAEREDEL - BUCH

Alles im Griff
hat die Natur...
Der Mensch, der stört
sie leider nur...
Der ist doch nur ein Teilchen
– bleibt auch nur ein Weilchen...

Löwen... Zähne

sind gefährlich...!
aber hier...als Blümchen, ehrlich,

einfach niedlich anzuschau'n......
... auch durch manchen GartenZaun...

sehr bescheiden... auch auf Weiden...
und sogar am Straßenrand
Gesundheit bietend, wie bekannt...

Das Märchen vom „blauen Himmel"

Es war einmal eine Zeit,
da schien der Himmel so blau und die Sonne
leuchtete hell und warm... kein Wölkchen
störte die erholsame Bläue...

Die Vöglein flogen glücklich durch die Lüfte und
badeten ihr Gefieder im warmen Sand.

Die Blümelein richteten ihr Gesichtchen zur
SONNE und gaben ihren Wurzeln den Auftrag,
ihr Wasser von ganz tief unten aus dem Boden
 zu saugen...

    Die Bienchen und Hummeln summten um
    die Wette, flogen von einer Blüte zur
anderen und teilten die Fruchtbarkeiten.

Und als der Löwenzahn sich zur Pusteblume
entwickelt hatte, wartete er nur noch auf den
Wind und ließ dann alle seine Kinder mit ihm
fortfliegen...

Die Tiere des Waldes fanden alle ihre Nahrung
und ruhten sich entspannt und satt im Schatten
der Bäume aus.
Alle anderen Individuen taten auch so...

Die kleinen Menschen Kinder aber waren
ständig in Bewegung. Sie sangen und tanzten
fröhlich Ringelrein dazu... andere spielten,
klickerten mit den Klickern, das war eine Art
golfen, nur in Miniformat mit bunten Ton- oder
Glaskugeln, oder sie waren einfach auch mal
anderweitig beschäftigt... die Größeren trafen
sich mitunter zu Gesprächen. Auch gingen sie
mal gemeinsam zum See schwimmen...

Die Alten beobachteten dies mit Argusaugen
und genossen aber abends dann auch die
letzten warmen Sonnen-strahlen auf der Bank
vor ihrem Haus...
Ihre erwachsenen Kinder waren meist von
ihren Arbeitsstellen noch nicht zurückgekehrt,
doch das Abendessen war schon für sie
vorbereitet und stand zum Warmhalten in der
Bratröhre des warmen Ofens...

Alles schien entspannt, erholsam und
friedlich...

Aber den Ministern der Regierung passte das
alles so nicht auf Dauer...

In dieser friedvollen Zeit kamen sie sich
überflüssig vor… keiner fragte sie oder wollte
etwas von ihnen... das musste unbedingt
geändert werden... das mussten sie ändern…
Sie trafen sich tagelang, um zu überlegen und
zu planen, was dagegen zu tun sei...

Sie redeten sich die Köpfe heiß und stritten
miteinander, denn die einen fanden es gut,
dass sie für Nichtstun bezahlt wurden, die
anderen wollten stets im Gesprächsthema und
auch Bestimmer sein für, wie sie es
ausdrückten,
das *„dumme und dämliche Volk"*...
Sie waren der Ansicht, dass man das Volk klein
halten müsse, dass die bitten und betteln
müssen und nicht zu stark sein dürfen...
*Unter dem blauen Himmel, in der Sonne sitzen
und sich gemütlich und wohl finden, das sollten*

*sie schon gar nicht bis in ihr hohes Alter
womöglich noch…? Nein, auch das erst recht
nicht… diese Kosten, wer soll denn dafür
aufkommen?*
Nein, nein und nochmals nein…

*Wenn die Dummen also für alles bezahlen
müssen, was sie zudem auch noch notwendig
brauchen, dann würde das klappen…das Volk
würde abhängig sein und schließlich würden
alle Minister reichlich davon profitieren…*
*Man würde sie in allen Dingen fragen müssen
und so seien sie unentbehrlich….*
*Natürlich müssten bei solcher Mehrarbeit auch
die Gehälter enorm ansteigen, was das dumme
Volk natürlich auch noch erarbeiten und
bezahlen muss…*

*Die Minister rieben sich in der Vorfreude
lachend selbstgefällig ihre Bäuche…*
Ja, so würde das werden wie sie es wollten…
*Das Wünschen und Habenwollen darf kein
Ende nehmen,*
*so kann der eigene Reichtum anwachsen und
die Abhängigkeit wird klebriger…*

Nichts lieber als das, beschlossen sie so.

Nicht nur ein Zehntel, nein viel mehr sollte das dumme Volk zahlen müssen. Die Hälfte, ja gleich die Hälfte müssen sie abgeben von dem, was sie durch ihrer Hände Arbeit schwer verdienen... Aber sie sollten es und durften es nicht merken. Deshalb redeten die Minister davon, dass all das nur gut sei und die Kindern davon profitieren, denen es ja später auch mal besser gehen sollte...

Pferdefuhrwerke müssen abgeschafft werden, es sollen Straßen gebaut werden für Autos, Bahn und Busse, die sind schneller... später Flugzeuge...
Arbeit leichter und weniger... und so weiter... weiter... weiter...
Für Kranke sollte gesorgt werden, Krankenhäuser wurden errichtet, Ordens-Schwestern waren sowieso dem Hilfsdienst am Menschen verpflichtet, die halfen auch aus Überzeugung kräftig mit und Ärzte besuchten auch mal Schwerkranke zu Hause, die in ihrer Stube liegen bleiben wollten zum Sterben...

So brauchten die Minister gar nicht viel zu tun,
es war wie immer…
Alle wollen alles haben, die meisten wollen
mehr haben als die anderen, schöner und
besser sollte auch gleich alles sein…

*„In den Hirnen der dummen Menschen soll es
nur so qualmen vor lauter Wünsche und
Habenwollen…"* die Gedanken der Minister
ging darin voll auf.

*Feines Wasserklo, nicht Latrine im Hof…
schöne Badewanne im gekachelten Raum mit
fließend warmem Wasser statt Waschzuber…
Haus und Garten… größer… schöner…
jedes Kind muss ein Zimmer haben…
immer weiter, immer mehr…*

Einige Bürger, die bescheiden ihr Leben im
Einklang der Natur fristeten, die redeten
dagegen und wollten den noch vernünftigen
Bürgern die Realität vor Augen führen. Aber sie
wurden oft nicht angehört und von vielen
angefeindet. Schließlich wurden sie bestraft

und landeten gar schließlich wegen Volks-
verhetzung im Gefängnis.

Der Himmel verdüsterte sich, ob so viel
Schlechtigkeit und immer mehr Wolken
schlossen sich zusammen…

Das gefiel den Ministern, dass das dumme Volk
sich nicht mehr gesund in der Sonne erholen
konnte, um Vitamin D aufzufüllen.
Sie ließen einfach Ersatz dafür produzieren und
verdienten daran auch noch… „Höhensonne“,
die kam als Rettung gut an, aber kostete…

Ja, dass es den Kindern besser gehen soll, das
war der beste Gedankenzieher…
Für die Zukunft planen… „Future“
Die Eltern, die für ihre Kinder das Beste
wollten, das waren schließlich die meisten, die
zogen sofort in den Gedankengängen mit,
wurden aus-dauernd die besten

Werbetrommler dafür und lieferten ihren Anteil an Wünschen und Vorstellungen auch noch dazu…
Natürlich würden sie all das bezahlen müssen, das war ja klar. Nun gut, man würde etwas mehr arbeiten, man würde sich selbst dafür auch schon etwas einschränken müssen und sparen, damit den Kindern alle Wünsche wirklich auch erfüllt werden könnten. Aber von nix kommt eben nix… Das Volk zog gedanklich mit und war dadurch aktiv leicht zu führen…

So ergab es sich direkt zu Beginn:
sparen, sparen, sparen… In jedem Beruf
musste man nun zusehen, dass man „bei der
Stange" blieb, d.h. Geld verdienen…
Schulgeld musste nun auch bezahlt werden,
das konnten sich dann aber auch nur noch
Leute erlauben, die mehr Geld verdienten als
die anderen... die Ärmeren mussten draußen
bleiben…sie konnten nicht zur Schule, denn die
armen Eltern konnten das Schulgeld für ihre
Kinder nicht aufbringen…
Die armen Kinder mussten dann ihren Eltern
arbeiten helfen.
Die reichen Kinder spielten nicht mit den
armen, das durften sie nicht, aber die armen
Kinder waren zwar traurig manches Mal, aber
eigentlich hatten sie auch keine richtige Zeit
zum Spielen…
Sie passten mitunter auf ihre kleineren
Geschwister auf und lernten stattdessen, sich
im harten Leben zurechtzufinden…

Die Jahre gingen vorüber, die reichen Kinder,
die die Schule besuchen durften, hatten

theoretisch mehr Wissen, aber in der Praxis versagten viele kläglich.

So kam es, dass plötzlich die ehemaligen Arbeiterkinder praktisch besser als die reichen Schulgänger arbeiten konnten …
Das gefiel den Ministern aber so auch nicht.

Daher kam es, dass die Minister wieder eingriffen. Weil sie aber den Ruf „die Guten zu sein" nicht verlieren wollten brachten sie ganz einfach ein neues Gesetz raus: „***Kinderarbeit ist verboten***".

Aber die Kinder, die bislang gelernt hatten zu arbeiten und so von den Theoretikern Aufträge bekamen, die diese selbst nicht erledigen konnten, die waren unterdessen schon in der Lage damit ihren Lebensunterhalt zu verdienen…

Weil ja nichts bleibt wie es ist, änderte sich das Abhängigkeitsverhältnis derart, dass alle, die gut arbeiten konnten auf einmal wichtig waren und noch wichtiger wurden.

„*Handwerk hat goldenen Boden*“
hieß es ab dieser Zeit…

„Ja gut“, sagten nun die neuen Minister, die als
Nachfolger auf die Ministerstelle des Vaters
gerutscht waren,

*„Wenn Handwerk in Ordnung ist, dann werden
wir… aber…, ja, wir müssen daran
verdienen…!“*

So beschlossen sie, dass es Schulen geben
müsse, in der die Handwerker bestimmte
Lehrgänge besuchen müssen, um zum Meister
gekürt zu werden…

und die, ganz klar müssen bezahlt werden…
von den dummen Völkern selbst, die Meister
sein wollen…

Wie gedacht, so getan…

Wer Meister werden wollte, musste dies ab
dieser Zeit an bezahlen, nicht nur mit Geld,
nein auch mit seiner Zeit und seiner Kraft…
und der Ministerstaat verdiente auch daran
wieder…

Die Schüler von früher, blieben in ihrem Leben
meist auch in theoretischen Berufen…meist
rutschten sie auf der Lebensleiter ihrer
Vorfahren weiter:
Der Vater war Apotheker, der Sohn auch…
der Vater war Arzt, der Sohn auch…
der Vater war Graf, der Sohn auch… usw.

Bei den arbeitenden Armen war es
durch Erhaltungstrieb auch so ähnlich…
Die Mutter war Putzfrau, die Tochter auch…
der Vater war Schlosser, der Sohn auch…
der Vater war Müller, der Sohn auch…
der Vater war Bäcker, der Sohn auch…
der Vater war Bauer, der Sohn auch…
usw.

Durch einen Meistertitel allerdings konnte man
im Ansehen steigen, man wurde wer und
konnte sich mit zu der „besseren Klasse"
zählen…

Immer mehr und viele Wünsche kamen mehr
auf. Zunächst eine schöne Wohnung, nun sollte
es lieber ein Häuschen sein…dann zunächst
ein Häuschen mit kleinem Garten…
dann mit großem Garten – worin man auch
Gemüse anbauen kann…
Dann großer Garten ja… aber ohne Gemüse,
lieber eine schicke Rasenfläche und schließlich
auch ein großes Schwimmbassin…

Und auch Rasen mähen…? Oh Gott, das
artet ja auch voll in Arbeit aus… gut, dass
irgendwann Mähroboter erfunden wurden –
kaufen, also der Bequemlichkeit dienlich -
schließlich hat der Nachbar auch schon so ein
Ding…

Oder? Eine neue Idee: Steine… Steine in verschiedenen Größen, die liegen elegant steinreich da und machen keine Arbeit…

Statt dessen kann man in Urlaub fahren und sich dort auch mal schön bedienen lassen…, man will sich schließlich auch mal erholen und fährt oder fliegt dann, es soll ja auch günstig sein, in die „armen Länder", in denen die dortige Land-bevölkerung an den Urlaubern ihren knappen Lebensunterhalt verdienen… wenn, ja wenn nicht schon findige reiche Besetzer große Hotels für diese Gruppen dort errichtet haben und die armen Dortigen als Geringverdiener arbeiten lassen…
Tja und…? Dort müssen Kinder eben mithelfen, also müssen Kinder doch arbeiten und können nicht spielen…

<u>Andere Länder, Sitten und Gesetze…???</u>

Der Urlauber will die Welt sehen, will sich
erholen, will sich auch bedienen lassen, jedoch
so billig wie nur möglich…

Ach ja, Kinderarbeit…?
Augen zu und durch…?
Es sind ja nicht unsere Kinder…?

ABER, aber:
Es soll den Kindern in Zukunft besser gehen,
oder?

Es heißt aber:
„Was Hänschen nicht lernt,
              lernt Hans nimmermehr…"

Ist es nicht viel besser,
das Kind lernt frühzeitig:
         sich im Leben zurechtzufinden?

<u>Mit verschiedenem Maß zu messen,</u>
<u>lässt Unterschiede</u>
<u>nicht</u>
<u>gleich werden…</u>

Kinder zu Egoisten
gedeihen zu lassen,

damit erweist man
niemandem
einen guten Dienst,

nicht diesen Menschen selbst
erst recht nicht seiner Umwelt…

Kinder
sind auf der ganzen Welt
kleine unfertige zerbrechliche Wesen,
die beschützt werden müssen.

Sie benötigen beständig zuverlässigen Schutz
und unvergessliche Anleitung für ihr junges
Leben, u.a.:
Kinder lernen durch Abgucken von den ihnen
Vorlebenden… und Gleichtun…

Bescheidenheit
liefert den inneren Frieden,
Akzeptanz
anderer mit deren Eigenheit,

Auch wenn jedes Leben
seinen eigenen Lebensweg,
sein Hoch und sein Tief
zu schaffen hat,

Den Elan, die Stärke und Kraft,

ohne Egoismus
alles bewältigen zu können,

die muss man ihnen
mit auf ihren Weg geben…
sowie

Achtung und Ehrfurcht
vor jedem
anderen Leben

weil nichts unendlich ist
und auch deren Zeit

nur
einmalig…

Warum eigentlich…?

Warum ist „Genderei" denn auf einmal so
wichtig?
Ob maskulin, ob feminin ob neutrum,
ist es nicht egal?
Warum Intimität zu Markte tragen...?

Ist es nicht die Akzeptanz,
die uns die Natur bereits vorgibt:
        dick neben dünn
        kurz neben lang,
        männlich weiblich neutrum
        schwarz neben weiß...?
        bunt ist die Welt

        Regenbogenfarben...

        Akzeptanz...
        nicht Gen - Verwünschungen
        und/ oder   - abnormale Veränderungen...

LEBEN ist vielfältig…
aber, ein einmaliges Geschenk

Warum „Darüber hinaus":

Alles was das Leben leichter machen soll…
Es muss produziert werden
ob Pappe, Plastik, Synthetik... Stoffe, Pelze,
Fahr – und Flugmaschinen, egal was…
Des Weiteren wird vorgegeben:
für die Gesundheit soll gesorgt werden:
Tabletten, Spritzen, Schönheits-OPs
Das alles und viel mehr soll im Angebot für
besseres längeres Leben enthalten sein…

Dabei vergessen Viele,
vielleicht ist es auch eine Wissenslücke,
dass alles seinen Ausgleich findet…?

Die Waage pendelt zurück...
Das sogenannte
leichtere Leben
bringt schwere Kosten mit sich... eine Bürde,
die doch auch von allen Nutznießern getragen
werden muss

und allen, die glauben sie müssten unbedingt
mithalten in dem ganzen Trubel,

um ihren Wert zu steigern…

Sie begeben sich sozusagen freiwillig in die
Abhängigkeit der Abhängigkeiten…

Die sogenannte „Stempelware",
die mit besonders namhaftem Aufdruck,
die ist besonders teuer zu bezahlen…
ganz klar: *„ist ja Wert steigernd"*…, wirklich?

Aber jene, die diese Ware tragen,
zeigen damit, wollen sie auch vermutlich,
dass sie sich ja derartiges leisten können

und vergessen dabei ganz,

dass sie sich selbst und ihre Kinder
damit zu Werbeläufern degradiert haben…
„<u>Schwarzarbeiter</u>" … und?
ganz ohne…
finanziellen Ausgleich…

Während jede Plakattafel,
die an den Straßen sichtbar ist
von den Abteilungen der Minister genehmigt
werden muss,

somit Gebühren anfallen,
die also bezahlt werden müssen…
und die auf den Plakaten beworben werden,
die müssen ihre

„sichtbaren Laufzeiten"
auch bezahlen…

So geht das
weiter mit den Werbungen…
Alles muss bezahlt werden…
Und…?
… die Letzten sind
wiedermal die Dummen…
das Preisschild des Endproduktes beinhaltet
alles…außer:

die Zeit, die davor, dazu und auch dahinter
verloren gegangen ist.

Macht es Sinn…?

Opfer seiner selbst zu sein,
sich zum Opfer seiner selbst
zu degradieren,
sich nicht selbst zu genügen,
sich an das Massengehabe
anzupassen…
und durch noch schwärzer
noch lauter und noch teurer
noch gewaltbereiter
daraus hervor zu stechen…?

Macht es Sinn…?

seine Natürlichkeit
nicht nur in schöne Kleidung
zu hüllen,
sondern gleich seine Haut,
nicht nur die Haare,
mit Farben zu „verschönern“…
und die ganz eigene Persönlichkeit der
veränderlichen modernen Masse irgendwie und
irgendworan anzupassen…?

Kleiderfabriken müssen sich
neu anpassen…
Modemacher müssen sich
neu anpassen…

Kunstvoll bemalte Haut
muss bewundert werden können…

Erklärungssatz aus früherer Zeit war:

*Wer schön sein will
muss leiden…*

Es wollen viele *schöner* sein…
…das ist „in"

Man sagte aber auch:

Wenn es dem Esel zu wohl ist,

geht er auf`s Eis…

Aber

im Rhythmus der Gezeiten
bleibt es weiter so:

Es ist ein Geben und ein Nehmen;
Ein Gehen und ein Kommen;

in allem,
wie und was
die Natur uns bietet...

deren kleinste Partikel
wir sind

„Sand im Getriebe"
im immerwährenden Kreislauf...

Wo ist der blaue Himmel,

    der früher einmal war...

es gibt doch wohl nicht
noch immer
böse Minister,
die das Volk für

       „dumm und dämlich"

halten,

oder ...?

... schläft das
Dornröschen
vielleicht doch noch?

FRAGEN über Fragen...

Wer gibt Antwort?

Bleiben die Fragen offen?

Was bleibt zu hoffen?

Die Zeit

lässt hoffen…

lässt keine Frage offen…

Alles im Griff

... hat die Natur ...

Wissenschaftler bemühen sich,
ihr Wissen zu vergrößern...

Wieviel passt rein
in so ein Gehirn...
das schon ohne Wasser
den Geist aufgeben muss...
soviel...
weiß man schon...

Mehr...?
mehr weiß man?
ach ja... mehr weiß man schon...
aber verstehen...?

Was heißt: "verstehen"?
Kann doch jeder anders... verstehen...
so, wie er auch anders sieht, sehen kann...

angepasst, nach Gegebenheiten...
angepasst, nach Geschwindigkeit...
angepasst, nach Momenten...
angepasst, nach Wohlwollen...
angepasst, nach Wut oder gar Hass
angepasst, nach Erfahrung...
angepasst, nach Zeit.

Wer "bestimmt"?

Wer… die Richtung?
wenn es doch immer nur
nach vorn
und nie zurück zieht...?

Wer... die Geschwindigkeit... ?
wenn der Zeiger der Uhr
im Gleichschritt sich taktvoll
im Kreis weiterbewegt...?

Macht es Sinn,
den Nachbarn zu beobachten,
um ihn zu attackieren,
ihm gar Steine in den Weg zu werfen...

wenn man dadurch doch nur
die eigene Lebenszeit mit Ärger füllt
und seine Zeit für
vielleicht wichtige Chancen,
Geschenke seines Lebens,
somit „vereiert"...?

Lohnt sich…

Ärger, den man sich
so einhandelt…?

Es muss alles bezahlt werden…
Krieg kostet Leben…

einmalige
LebensZeit
ist verloren …

Wie… Spaß…?

Ein Deckel hängt, du kannst's erraten,
kunststoffvoll auch am kurzen PlastikFaden...

Die Kunst ist noch nicht ausgereift
das ist ja wie bei allem
am Anfang ist ein Probelauf, nicht immer zum
Gefallen...
Was einfach schien, war schlecht durchdacht...
prompt durchgeführt,
einfach gemacht...
Nun hakt es hinten so wie vorn
"Von Plastik geht nichts mehr verlor'n"

Verschüttet wird nur noch vom Inhalt
kaufVerbot: **sofort**... und nicht erst: **bald**...

Vernunft
solltest du selbst behalten
darum lasse dich nicht irrverwalten...

Tja,
das ist sehr wohl bedacht,
es freut sich nicht nur… wer auch lacht
es lacht auch der, der weinen will
nur zeigt der's nicht, erträgt es still…

und der sich freut in stiller Weise
dem öffnet sich die Tür ganz leise
zu Herzen und zu Seelen hin,
das macht den wirklichen Gewinn…

Die Freud' die jener in sich trägt
hat bleibend Früchte ausgelegt,
die zeigen sich in Wort und Taten
da muss man auch nicht lange raten…

denn alles das was gut gediehen
auch ohne größeres Bemühen
muss man gar nicht lange feilen…
das ist ganz einfach **gut zu teilen**…

E𝄞Lebt

Neid ist,
was die Sonne stört,

Eifer-sucht
was nicht gehört…

um Frieden sollte man
nicht kämpfen müssen…

Krieg könnte man
dann leicht ausschließen…

Eleganz
          schenkt
                    Akzeptanz

Ohne große Worte:

Denke scharf nach
was war
und was geworden ist,
was war
und was sein kann...

    wie "WAR"
    und wie "PEACE"
    gelebt wird...

und alle sind wir

<u>nur</u>   GAST auf Erden

Was kannst du mitnehmen,
wenn du gehen musst,,,?

Was nützt es…?

demjenigen,

dem man

auf

den Grabstein

schreibt:

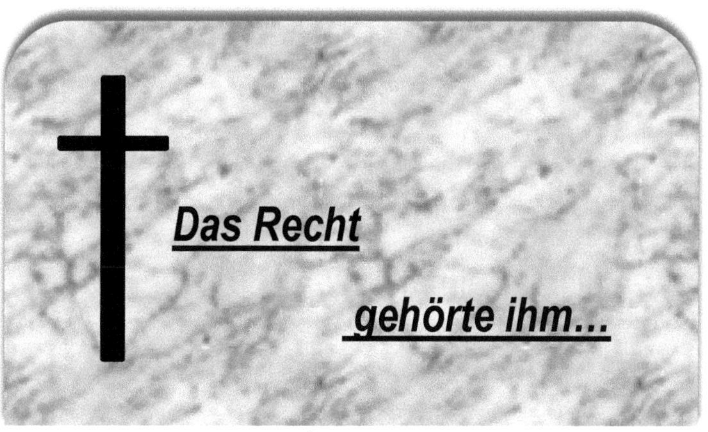

LEBEN
ist

in seiner Zeit
einmalig...

und keine Sekunde
hat auch nur eine Wiederholungsmöglichkeit...

Wohin geht die Zeit,
wenn sie dich mitnimmt?

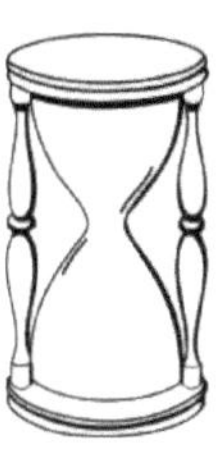

Willst du hier deine Fragen stellen,

die du dir bewusst beantworten willst…?

Hast Du alles im Griff…?

auch den Sand in deiner Sanduhr

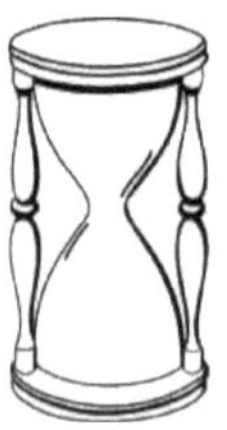

 Die Blumenfee

Eine BLUMENFEE ging mal spazieren
durch einen großen Wald...
Sie wollte nicht den Weg verlieren
ihr ward so bitter kalt...

Doch plötzlich hörte sie leis' Wimmer...
sie suchte nach, das war wie immer...
und fand ein abgebroch'nes Blümelein...
das hob sie auf, steckt's einfach rein
ein Stück gleich in die Erde:

"Damit du wieder werde...
Schick deine Tränen zu den Füßen,
wart' nicht, bis einer kommt zum Gießen,
denn alles was du brauchst zum Leben
das hat Gott dir mitgegeben...

Nun sei mutig, lächle wieder,
bald neigt ein Sonnenstrahl sich nieder
auf dich, er hilft dir wieder aufzusteh'n,
du wirst seh'n, es wird geh'n... "

Die Blumenfee ging dann still weiter.
sie fror nicht mehr, sie wusste heiter,
das Blümchen wird nun weiterleben
und wurzeln, bis sie Halt ihm geben...

So wurd es auch, nach kurzer Zeit,
dem Blümchen schien 's wie Ewigkeit,
ein schönes Pflänzchen auf dem Fleck.
Ein Käfer landet' ziemlich keck
und sonnt` sich in der warmen Sonne...
...

Die Blumenfee sah dies mit Wonne...

Nun sendet sie:

Liebe Grüße
an alle, die dies lesen…
diesmal war`s kein Märchen,
es war echt mal so gewesen…

Können wir alles verstehen was wir sehen...

... frage ich mich manchmal
und dann fehlt mir
das Verständnis für Manches,
was unbegreiflich erscheint...

Aber nichts bleibt

wie es ist.

Ich wünsche Euch allen

EINE GUTE ZEIT

Eure

Baeredel

Alles

was der Mensch macht

ist nicht

halb so gut,

wie das,

was uns

die Natur

bietet…

Nackt

kommt der Mensch auf diese Welt

und geht genauso wieder…

nichts nimmt er mit von allem Geld

zu Staub fällt alles nieder…

Kein Vogel bleibt auf seiner Leiter

… und… und… und so weiter

FSC
www.fsc.org
MIX
Papier aus ver-
antwortungsvollen
Quellen
Paper from
responsible sources
FSC® C105338